ETOS

UFULDENDTE SERENADER

Et Spinozask substansbind

Kim Gørtz

ETOS

UFULDENDTE SERENADER

Et Spinozask substansbind

2025

SAGARO REC & PUB

ISBN: 978-87-7691-988-7

Forlag: BoD · Books on Demand, Strandvejen 100, 2900 Hellerup, bod@bod.dk

Tryk: Libri Plureos GmbH, Friedensallee 273, 22763 Hamborg, Tyskland

Kun gennem fornuften kan det enkelte menneske nå
til en egentlig indsigt i sin egen placering i
samfundet for dermed at vide, hvordan det skal leve
i harmoni med sine medmennesker.

Svend Erik Stybe

Spinoza, s. 23, 1969

En forfærdelig tragedie at blive udstødt

Fuldstændig frigjort

Den store bandlysning, den frie åndsudvikling,
tolerancen i intelligens-eliten; en søgen efter fred til
sit arbejde – i det varme venskab.

Lynchning; frihed til at filosofere – et "frækt" skrift
og en "frygtelig bog" – en vranglærer, en ond kætter
– *når sandheden bekræfter sig selv.*

At bidrage til en lykkeligere tilværelse med
kærlighed, venlighed, tolerance og samfundssind –
med fred og sikkerhed for livet; at leve samdrægtigt.

Åndsfriheden, "Guds mund", livsfilosofien, det
sande gode i at nyde evigt med glæde, og at give
afkald på ære og rigdom; at helbrede forstanden, og
bevare sundheden.

At oprette det sunde liv gennem kendskabet til
sjælens sande væsen – *asylum ignorantia* – i hvilen
og bevægelsen; visheden, viljen – *fluctuatio animi.*

Vitaliteten i at bevare sit væsen som dydens
grundlag under fornuftens ledelse; retfærdigheden,
pålideligheden og sømmeligheden – harmonisk –
animositas.

Livsglædens storsindethed; *det frie menneskes
visdom er en betragtning over livet.*

… vi skal være Gud lydig af hele vor sjæl ved at
udvise retfærdighed og kærlighed.
S. E. Stybe, Spinoza, s. 25, 1969

… ved hjælp af fri åndelig virksomhed … erkende vor
plads i tilværelsen, og derved kan vi vide, hvordan vi
skal handle, og hvad der tjener til at virkeliggøre
retfærdigheden.
S. E. Stybe, Spinoza, s. 26, 1969

Freden består i sindenes forening og samklang.
Spinoza i S. E. Stybe, Spinoza, s. 45, 1969

… det sande gode og den højeste lyksalighed for
mennesket opnås ved en udfoldelse og udvikling af
dets erkendelse i retning af sand indsigt i universets
sammenhæng og indsigt i dets egen stilling i den
sammenhæng.
S. E. Stybe, Spinoza, s. 50, 1969

… erkendelse udgør menneskets sande lykke og gør
det frit…
C. H. Koch (om Spinoza)
Den europæiske filosofis historie, bind 3, s. 219, 1996

Dyd (*conatus*) er kraft til at handle ud fra sin egen
natur på en sådan måde, at menneskets væren
fremmes.
C. H. Koch (om Spinoza)
Den europæiske filosofis historie, bind 3, s. 222, 1996

Indhold

Jeg antager ikke,

at jeg har fundet den bedste filosofi,

men jeg ved, at jeg besidder den sande.

Baruch de Spinoza

I S. E. Stybe, Spinoza, s. 35, 1969

Amor intellectualis dei

Venskabets storhed og livskraft (*fortitudo*), *en
stabil og varig følelse, som kan fylde vort sind,
så længe livet varer,* menneskets følelsesliv.

Heterodoksi; forbandelse, udstødt,
kærlighedsmystikkens immanens, sjælens
stræben – *at erkende sig selv som en del af
naturen* – helheden, universet, den skabende
natur, som en tåge i de klingende ord.

En "farlig og samfundsødelæggende tænker",
en varig glæde, en uafhængig eksistens,
verdenshelets evige substans, en tidløs væren,
et uendeligt væsen, hele universets ansigt.

Den lyse og klare aften. Den frit formet og
underholdende kærlighedssang. Som en
forelsket bejler synges disse sange til en elsket
læser: *Etos. Ufuldendte serenader. Et Spinozask
substansbind.*

Det er helt Spinozask!

1. Immanensfilosofi; *conatus, appetitus*
2. Eksistens og tilintetgørelse; *cupiditas*
3. Kausalrelationer; sjælsstyrke, højsind
4. Abstrakt, metafysisk ræsonnement
5. Forestillingslivet; når ånden fremmes

Ufuldendte serenader på vej

Sæson 2

Askese. *Et Schopenhauersk forestillingsbind*

Magt. *Et Foucaultsk galskabsbind*

Begær. *Et Freudsk neurosebind*

Selv. *Et Laingsk spaltningsbind*

Sundhed. *Et Frommsk hjertebind*

Skrift. *Et Barthessk tegnbind*

Tidligere udgivelser i sæson 2

Frigørelse. *Et Marcusesk erosbind*

Singularitet. *Et Reckwitzsk illusionsbind*

Sker. *Et Kirkebysk begivenhedsbind*

Tidligere udgivelser

Sæson 1

Frifundet. Et Kafkask procesbind

Inderlig. Et Kierkegaardsk eksistensbind

Væsentlig. Et Heideggersk værensbind

Aura. Et Benjaminsk passagebind

Hellig. Et Agambensk nøgenbind

Immobil. Et Sloterdijksk sfærebind

Fremmed. Et Rosask resonansbind

Flugt. Et Deleuzesk rhizombind

Livsvilje. Et Nietzschesk kraftbind

Negativ. Et Adornosk fortryllelsesbind

Når vi erkender Altet, dvs. substansen i dens
evighed, uendelighed og uforanderlighed og de
enkelte modis nødvendige følge af substansen,
opnår vi den største grad af lykke og frihed.

... resignationens filosofi ...

... en accept af det uundgåelige ...

C. H. Koch (om Spinoza)

Den europæiske filosofis historie, bind 3, s. 223, 1996

Lykkefølelse & resignation

Intakt fred; håbet om at opnå et gode, der skal
holde sammen på fællesskabet, magten, fornuften,
den sande dyd og åndens liv.

At udfolde sin kraft, frit bruge sin fornuft; frihed for
tanken, for fredens skyld, radikaliteten, hadet,
kætteriet – den velsigne(n)de fritænker.

At slibe linser; hvordan man som menneske bør leve
sit liv i/med en radikal monisme, med en immanent
kraft, der virker i alt.

At leve et lykkeligt liv, hvor al sand erkendelse går
gennem idéerne, hvor alt er nødvendigt; med
bevidsthedsstyrkens generøsitet og livsduelighed.

Frihed, magt, fornuft, natur og nødvendighed; at
ville styre sig selv, at forstå naturen, at forstå sig selv
som et erotisk begær, helt og aldeles i sindsro.

Kærlighedens indre fred, salighedens omsorg, hvor
alle ædle ting er svære, i et liv i frihed, i et opgør, i
glædens visdom; helt og aldeles i frelse og tilgivelse.

Med lydig respekt og tolerance; med retten til frit at
ytre sig med respekt, at nyde tankens frihed, at
sætte fri, helt og aldeles at lede i/ved håb.

*"Hvor mængden holdes uden for indflydelse og ikke
får indsigt i regeringens planer, der degenererer
den."* (A. B. Holm: Spinoza, s. 65, 2018)

Den gode regeringsfølelse er kendetegnet ved
at være åben, inkluderende og ved at lede
befolkningen ved håb snarere end frygt.

Holm

Spinoza, s. 67, 2018

At indordne sig under verdensaltet

Et liv i fred og sikkerhed; ro i sjælen, kærlighed, lydighed, omsorg, tolerance og ytringsfrihed – et frit samfund – en indsigt i hele verdenssammenhængen.

At finde prægnante udtryk som selvstændig tænker med en farlig lære og et svagt helbred, at finde det sande gode; i saligheden – i den rette livsførelse.

At handle med visdom, den intellektuelle kærlighed, den største klarhed; *"vildfarelsen forsvinder altid med udvidelsen af erkendelsen" – "at hæve sig til indsigten i substansens væsen"*. (De store tænkere, Spinoza, s. 19, 2000)

En nødvendighed gennemtrænger alt, en levelære for mennesket, en selvopholdelsens trang, en grunddrift i alt; *"de handlinger, der udspringer af en sand indsigt i vort væsen, dvs. af indsigten i vor plads i tilværelsen"*. (De store tænkere, Spinoza, s. 21, 2000)

Naturens liv, at være i harmoni med altet, at handle ud fra fornuften, som aktiv og fri; *"At være fri vil sige at handle ud fra sig selv, i overensstemmelse med sin egen naturs nødvendighed"*. (De store tænkere, Spinoza, s. 22, 2000)

At være fri er at være stærk i kraft af indsigt, under "fornuftens ledelse", at opnå herredømmet, hvor sindet er roligt; *den største aktivitet, vi kan udfolde, ligger i erkendelsen, derved opstår erkendelses-glæden*, som er en evig, intellektuel kærlighed.

Mennesket er en del af naturen, og naturens nødvendighed virker i det, bestemmer det til handling og passivitet, fremkalder følelser i det.

Dette betyder, at på den ene side er mennesket under passive følelsers, under lidenskabernes, trældom; men på den anden side sker alle dets handlinger med naturens højeste ret, fordi de sker ud fra den guddommelige nødvendighed.

Spinoza

De store tænkere, s. 21, 2000

En nærmest mystisk følelse af opgåen

Dyd er indsigt, under evighedens synsvinkel, med enhedstanken; i fuldkommen glæde, som en ny levevis, gennem *erkendelsen af åndens forening med hele Naturen.*

"Kærligheden til en evig og uendelig ting nærer sjælen med en ren glæde, uden enhver sorg, og det er det, der må ønskes heftigt og efterstræbes af alle kræfter." (Spinoza, s. 32, 2000)

At rense forstanden, lede den på rette vej, forbedre den via sin medfødte kraft, via ens egen indre eftertanke, som "en flue som uendelig"; *at drømme med åbne øjne*, at kende forstandens egenskaber, magt og natur.

At rette åndens opmærksomhed mod en tanke, erfare den refleksive erkendelse, møde tænkningens væsen, og dermed; *"at lede (sig) frem til en forståelse af sig selv og sin plads i universet for igennem en sådan erkendelse at opnå et indsigtsfuldt og dermed et lykkeligt liv"*. (C. H. Koch i Etik af Spinoza, s. vii, 1996)

En forståelsesnøgle, en kærlighedsmetafysik; erkendelse, dyd og lyksalighed, at naturerkendelse er selverkendelse, at *naturen er et levende og frembringende hele, som gennemstrømmes af åndelige kræfter*, som et skabende og besjælet hele, i en aristotelisk sprogdragt, med mystikerens momentane skuen, som en frisættelsens psykologi.

De fleste, der har skrevet om følelserne og
menneskenes måde at tage livet på, synes ikke
at drøfte de naturlige ting, som følger de for
naturen fælles love, men ting, som er uden for
naturen.

At vakle i sindet

Essens, substans, absolut uendeligt, selve
eksistensen er evighed; fri = ud fra sig selv og sin
naturs nødvendighed, som aktiv sandhed i (af)magt.

At kunne eksistere i den højeste vished, som en
skikkelse af opmærksom, ubedragelig klarhed; som
en uendelig forstand, der flyder, strømmer – som *et
gøende dyr*.

Immanent, uforanderlig, altid eksistere, i uendelig
tænkning; der gives intet tilfældigt i hvilens frihed,
"mere end soleklart", med en umættelig havesyge, i
uvidenhedens fristed, med sløvhed, berørt,
sundhed, forvirring, og som helt fordærvet.

*"... mennesket dømmer om tingene efter deres
hjernes indretning og snarere forestiller sig tingene
end forstår dem."* (Spinoza, Etik, s. 34, 1996)

*"... alle de begreber, ved hvilke menigmand plejer at
forklare naturen, er blot forestillinger og oplyser ikke
noget om nogen tings natur, men kun om
forestillingsevnens tilstand..."* (Spinoza, Etik, s. 34,
1996)

Natur og kraft – alt det, der kan begribes af en
uendelig forstand.

De, der tror, at de taler eller tier eller udfører
noget som helst ifølge en fri beslutning af
ånden, drømmer med åbne øjne.

Spinoza

Etik, s. 82, 1996

En vis, evig nødvendighed

Ligesom ved hånden, en ide, et begreb, en
fornemmelse, et indre kendemærke; en varighed,
en ubestemt afmagt – som en anerkendelse af
tingenes orden, som magten til at handle, i en tåge –
"tydeligere kan jeg i øjeblikket ikke forklare det" –
og således i det uendelige; "opdigtelser forbigår jeg"
– i en stikkende standsning, hvor ånden opfatter
det, som man må efterse, som besjælet, og umagen
værd – "dette forstår sig også af sig selv"; som hård,
blød, flydende – som individets form, som, at *"…
hele naturen er et individ, hvis dele veksler på
uendelige mange måder, uden nogen forandring af
individet som helhed."* (Spinoza, Etik, s. 49, 1996)

Men, "jeg har noget andet i sinde", nemlig
nærværelse, som tilbagekastet flader, som, at
eksistere som fornemmelse, som skikkelser, som at
angive, hvad vildfarelse er, som frie spor sat i drift, i
en indstillet erindring – som at være vant til, som
"han er påvirket"; i en tankeformåen, i en stykkevis,
indvortes erkendelsesmangel, med latter eller
kvalme, helt nærved, med kendemærker og
forestillings-forbindelsernes kraft "midt i hjernen",
og med tænkningens begreber, der *dannes på øjets
grund*, i stumme malerier, med en fri magt, i en
vildfarelse, i en tankekraft, hvor vi; *"let bedrager os,
når vi sammenblander det almene med det enkelte,
og tanketing og det abstrakte med det reale".*
(Spinoza, Etik, s. 75, 1996)

Vi er af naturen indrettet således, at vi let tror
det, som vi håber på, men vanskeligt det, som
vi nærer angst for, og herom har vi større eller
ringere tanker, end ret er.

Spinoza

Etik, s. 110, 1996

Sindets sande tilfredshed

Ligevægtstilstand; "jeg ved det ikke", *Guds vink gør sindet aldeles roligt – øve det, som kærlighed og fromhed tilskynder til* – sindsro, i samfundslivet.

Afmagt og ustadighed, jammer, latterliggørelse, foragtelse og forbandelse; om *den rette måde at tage livet på*, anvise en vej med/mod sindsro.

"Søvngængere", et skønt klingende ord, at forblive i sin væren, en vilje og kraft til at handle, til at tænke, åndens tænkekraft, sympatiens glæde, *sindsbølgen*.

Bølgetilstande i sindet, nuværende håb, tryghed, fryd; glædesfølelsens kærlighed og trivsel, en sjælekamp med misundelse og bedrøvelse, i had.

Hovmodets vanvid, kappelysten, medlidenhedens befrielse og velviljens elskværdighed; ærgerrighedens stolthed, skammens bevidsthed.

Venskabsbåndets inderlighed, længslens angst og onde afsky; frygtens bestyrtelse hjemsøges af vrede, hævn – af taknemlighedens grusomhed.

Det frie, dristige menneske, forsagt og indbildt med angrende tilfredshed, er særligt forundrende i ærefrygt, klogskab og højagtelse; med dumhedens svaghed og ringhedsfølelse.

Bølgen i sindet; fråseri, drikfældighed, havesyge – drift, glæde og sorg – beruset livsvæsener, henrives af en aktiv, filosofisk glæde.

Selv om altså ethvert individ lever tilfreds med
sin natur, ved hvilket det består, og glæder sig
ved den, er dog det liv, ethvert er tilfreds med,
og glæden ikke andet end dette individs ide
eller sjæl, og følgelig afviger det ene individs
glæde af naturen så meget fra det andet
individs glæde som det enes essens er
forskellig fra det andets.

Spinoza

Etik, s. 117, 1996

En sjælden enhedstanke

Sjælsstyrke, selvhævdelse og højsind; *"at stræbe
efter at hjælpe andre mennesker og knytte dem til
sig i venskab"* med mådehold, ædruelighed og
åndsnærværelse i beskedenhedens mildhed.

Havets bølger og sjælekampe; ringeagt, skamfølelse,
skælvende væmmelse, blegnen, hulken og latter,
munterhed, lyst, tungsind og smerte, afsky, spot,
fortvivlelsens skuffelse og harmens grusomhed.

Stemningsbølgernes eksistenskraft,
sindspassivitetens forvirringer, et
mønstereksempels tids-moment, levende i
øjeblikket, livfuldere i håbets eller frygtens næring;
helt og aldeles tillokkende.

At bevare sig selv, og sin væren, at erkende aktivt
under fornuftens ledelse via åndens stræben med
dyden som første og eneste grundlag; helt og
aldeles i ubetinget kærlighed og uendelig glæde.

*"Den, der stræber efter at lede andre ved fornuften,
handler ikke voldeligt, men elskværdigt og venligt og
er i fuld, indre harmoni med sig selv."* (Spinoza, s.
155, 1996)

Den menneskelige afmagt til at styre og
hæmme følelserne, kalder jeg trældom, thi et
menneske, der ligger under for følelserne,
råder ikke over sig selv, men er undergivet
skæbnen, i hvis magt han i den grad er, at han,
selv om han ser, hvad der er det bedste for
ham, alligevel ofte er tvunget til at følge det
dårligste.

Spinoza

Etik, s. 131, 1996

Ånden & sammenhængen i den vældige natur

Vanvittig forrykt, spot og spøg, liflig livsførelse,
tilvækst i kræfter, elendighedens tårer, harme og
fromhedens fred; den højeste tilfredshed i
menneskets sande handlekraft og dyd.

Et liv i skændsel og sjælelig afmagt, snyltegæster og
smigreres nærværelse, fornøjelse og lindret
forestillingsvirksomhed; trøstens tomme stolthed,
mængdens mening og bekymringernes ængstelige
omskiftelighed og helt og aldeles ustadighed.

Rødmer af skamfølelse, af at leve sømmeligt i
blinde, af at prygle af hensyn til det hele; i vished, i
øjeblikkets kærlighed – gør kun det vigtigste i livet –
i flugt, i frihed, i helt og aldeles taknemlighed.

En svigende hæslighed i det sande liv viser
kærlighed; den rette livsførelse i at begribe sig selv, i
at nyde åndens liv – i, at "hjerterne besejres ved
kærlighed og højsind".

At knække menneskenes sind; *frygt opstår af en
sjælelig afmagt*, i gavmildhedens omsorg og
beskedenhedens venskab med ånden skikket til at
tænke, bringes glæde og sindsro – "vi er en del af
den hele natur, hvis orden vi følger".

Den bedste del af os – forstår.

Ingen kan føle drift til at være lyksalig, at
handle på rette måde og leve på rette måde,
som ikke samtidig føler drift til at være, at
handle og at leve, dvs. til virkeligt at eksistere.

Spinoza

Etik, s. 145, 1996

Tilværelsesfilosofi

Vejen, der fører til friheden og åndens lyksalighed,
hvor der kræves ikke ringe øvelse og flid;
livsåndernes stød, flugt og dristige bevægelser –
hjernens hulrum, kirtlen, stemningsbølgerne.

At blive knyttet til sande tanker, hjemsøgt af
følelser; at tilegne sig en rigtig livsførelse, at handle
ud fra en glædesfølelse af kærlighed til friheden.

Kærlighedsbåndet i åndens nuværende liv er sindets
højeste tilfredshed, og denne glæde, der gives som
fuld intellektuel fornøjelse i en aktiv tilstand, er
evighedserfaringens sandhedserkendelse.

En omfattende og forvandlet bevidsthed, hvis aktive
og fuldkomne realitet, er lyksalighed og dydens
livsførelse med en ypperlig magt og uendelig frelse.

Causa sui – aktivitetsudfoldelse og
nødvendighedsmomenter; ”hvortil det
menneskelige hjerte trænger”, *eksistens er
fuldkommenhed*.

Kun frie mennesker er fuldt ud nyttige for
hinanden og knyttes til hinanden ved det
stærkeste venskabsbånd og stræber med
samme kærlighedsiver efter at gøre godt mod
hinanden;

kun frie mennesker er hinanden fuldt ud
taknemmelige.

Spinoza

Etik, s. 177, 1996

Forbandet

Et tomt rum – *facies totius universi*; en nødvendighedslære, hvor naturen ikke gør noget forgæves, en *albesjælingslære*, hvor den *reflexive* erkendelse er en klar erkendelse "gennem en følen og nyden af tingene selv", og som består i "en umiddelbar forening med tingen selv".

"Den sande lykke og lyksaglighed for hver enkelt består ene og alene i nydelsen af det gode…"
(Spinoza, 270, 1996)

En forhøjet og mættet betydning med en vished og sand ide, hvor "jeg ved, at jeg ved, at jeg ved", som *et maleri på en tavle*, som en selverkendelse med *veritas se ipsam patefacit*, og hvor "bølgen i sindet" indstifter tidsløshedens evighed; *degradation.*

Afstandens pathos – *mentem colere* –
kraftudfoldelsen:

"Mængden er skrækkelig, hvis den ikke frygter".
(Spinoza, 278, 1996)

Og hvor tåber og forrykte småmennesker
(*homunciones*) med et afmægtigt sind, fordyber sig i
sorg, had, og ikke formår "at fylde sindet med den
fryd (*gaudium*), der opstår af den sande
erkendelse"; fuld af samvittighedsnag (*morsus
consientiae*) – uden "den jublende glæde".

Pyntelig klædt – *vir sapiens* – sjælehygiejne, åndelig
frigørelse og mystisk lære – "uvidenhedens fristed";
erkendelsesglæden i "åndens øjne", i tankelivet og
med den intellektuelle kærlighed.

Erkendelseslivets forundring, sjælsstyrkens
(*fortitudo*) højsind (*generositas*) og selvhævdelse
(*animositas*) – *virtus – appetitus – cupiditas –
conatus*;

*"blandt alle de ting, der ikke står i min magt, sætter
jeg intet højere end det at træde i venskabsforhold
til mænd, der elsker sandheden oprigtigt".* (Spinoza,
s. 270, 1996)

*"Det vil være os umuligt, når vi bruger vor forstand
på rette måde, at lade være med at elske Gud".*
(Spinoza, 289, 1996)

Ingen sjæl er så svag, at den ikke, når den
bliver ledet godt, kan opnå en absolut magt
over sine lidenskaber.

Descartes

I Spinoza: Etik, s. 187, 1996